BEI GRIN MACHT SICH WISSEN BEZAHLT

- Wir veröffentlichen Ihre Hausarbeit, Bachelor- und Masterarbeit

- Ihr eigenes eBook und Buch - weltweit in allen wichtigen Shops

- Verdienen Sie an jedem Verkauf

Jetzt bei www.GRIN.com hochladen und kostenlos publizieren

Wolfhard Janz

Hub-and-Spoke-Systeme im Güterverkehr

GRIN Verlag

Bibliografische Information der Deutschen Nationalbibliothek:

Die Deutsche Bibliothek verzeichnet diese Publikation in der Deutschen National-
bibliografie; detaillierte bibliografische Daten sind im Internet über http://dnb.d-
nb.de/ abrufbar.

Dieses Werk sowie alle darin enthaltenen einzelnen Beiträge und Abbildungen
sind urheberrechtlich geschützt. Jede Verwertung, die nicht ausdrücklich vom
Urheberrechtsschutz zugelassen ist, bedarf der vorherigen Zustimmung des Verla-
ges. Das gilt insbesondere für Vervielfältigungen, Bearbeitungen, Übersetzungen,
Mikroverfilmungen, Auswertungen durch Datenbanken und für die Einspeicherung
und Verarbeitung in elektronische Systeme. Alle Rechte, auch die des auszugsweisen
Nachdrucks, der fotomechanischen Wiedergabe (einschließlich Mikrokopie) sowie
der Auswertung durch Datenbanken oder ähnliche Einrichtungen, vorbehalten.

Impressum:

Copyright © 2002 GRIN Verlag GmbH
Druck und Bindung: Books on Demand GmbH, Norderstedt Germany
ISBN: 978-3-640-86442-3

Wirtschaftswissenschaften
JUSTUS-LIEBIG-UNIVERSITÄT
GIESSEN

TRANSPORTWIRTSCHAFTLICHES SEMINAR

Wintersemester 2002 / 2003

Thema 6:

„Hub-and-Spoke-Systeme im Güterverkehr"
(unkorrigiertes Exemplar)

Lehrstuhl für Volkswirtschaftslehre I
Justus-Liebig-Universität Gießen

vorgelegt von:

Wolfhard Janz

24. November 2002

Inhaltsverzeichnis

Abbildungsverzeichnis

Abkürzungsverzeichnis

Abb.	Abbildung
Aufl.	Auflage
Bd.	Band
DHL	Dalsey, Hillblom, Lynn
Diss.	Dissertation
FedEx	Federal Express
ggf.	gegebenfalls
HHLA	Hamburger Hafen und Lagerhaus Aktiengesellschaft
Hrsg.	Herausgeber
H&S	Hub-and-Spoke
HLP	Hub Location Problem
i.e.S.	im engeren Sinn
Jg.	Jahrgang
KEP	Kurier-, Express-, Paketdienste
KV	Kombinierter Verkehr
TEU	Twenty-foot-equivalent-unit
TFGI	Transfracht Internationale Gesellschaft für kombinierten Güterverkehr mbH
TNT	Thomas Nationwide Transport
u.a.	unter anderem
UPS	United Parcel Service
Verl.	Verlag

1. Problemstellung

Der Erfolg eines Unternehmen wird u.a. durch die Kompetenz determiniert, d.h. auf die Fähigkeit Ressourcen effektiv einzusetzen. Transportunternehmen müssen sich laufend entwickeln, indem sie sich neue Kompetenzen zulegen, die den gesteigerten Serviceforderungen der Kunden entgegenkommen. Im Zuge eines stetig steigenden Konkurrenzdruckes im Transportwesen, versuchen die Unternehmen, sich durch die Art und Qualität der angebotenen Leistung (Leistungsdifferenzierung) oder durch möglichst geringe Kosten (Kostenführerschaft) von ihren Wettbewerbern abzugrenzen. Dabei setzt beides effizient strukturierte und organisierte Transportnetze voraus, denn diese beeinflussen sowohl den Lieferservice als auch die Logistikkosten.[1] Im Rahmen logistischer Optimierungsstrategien wurde mit dem Aufkommen von Kurier-, Expreß- und Paketdiensten sowie der Deregulierung des Luftverkehrs in den USA ein neuer Netztyp geschaffen, das sogenannte *Hub-and-Spoke* (H&S)-System.[2] Die vorliegende Arbeit setzt sich mit der Systematik und dem Einsatz solcher Systeme im Güterverkehr auseinander und soll Lösungsmodelle von Hub Location Problemen aufzeigen.

2. Grundlagen von Hub-and-Spoke-Systemen

2.1 Charakteristika von H&S-Netzwerken

Unter einem Netzwerk ist ein Gebilde zu verstehen, das aus Knoten (Elementen) und Kanten (Knotenverbindungen, Relationen) besteht. Dabei kann das Netzwerk als reines Liniensystem, als Rastersystem („free flow", Direktverkehrsnetz), als H&S-System oder als Mischsystem konzipiert sein.[3] (vgl. Abb.1, Anhang III) Die Bezeichnung „Hub-and-Spoke" wird hierbei interdisziplinär verwendet. Neben der Beschreibung von Transportnetzen werden auch Netzwerke mit ähnlicher Topologie, z.B. in der Informatik, als „Hub-and-Spoke" tituliert.[4] H&S-Netze sind hierbei radiale Netze, in denen die Verbindungen (Spokes, Speichen) strahlen- oder sternförmig auf einen zentralen Punkt (Hub, Nabe) zulaufen. Die Knoten sind dabei nicht direkt, sondern über den Hub miteinander

---

1 Vgl. Mayer, G. (2001), S. 1.
2 In der Literatur werden synonym die Begriffe *Nabe-Speiche* bzw. *Drehkreuz*-System für H&S-Netzwerke gebraucht.
3 Vgl. Huber, J. (2000), S.162f; o.V. (2002), S. 22f.
4 Vgl. Mayer, G. / Wagner, B. (2002), S. 716.

verbunden.[5]

2.2 Typen von H&S-Netzwerken

Abhängig von der Anzahl der Hubs und deren Funktion bei der Verteilung des Verkehrsaufkommens unterscheidet man verschiedene Netztypen. Bei nur einem zentralgelegenen Hub spicht man von einem *1-Hub-Netz*. Dieses stellt die einfachste Form eines H&S-Systems dar. Ein Konglomerat aus mehreren 1-Hub-Netzen, welche über die Hubs in Interaktion stehen und nicht losgelöst voneinander betrieben werden, heißen *Multi-Hub-Netze*. Die Bündelungsfunktion ist auf den Verbindungen zwischen den Hubs am effektivsten. (vgl. Abb. 2, Anhang III)[6]

Je nach Funktion der 1- oder Multi-Hub-Netze werden *Sanduhr*- oder *Hinterland-Hubs* unterschieden. Sanduhr-Hubs weisen eine gewisse geographische Orientierung der Ströme auf. Diese münden aus einer Richtung (z.B. Norden) in den Hub ein und verlassen ihn in mit demselben Richtungssinn (z.B. nach Süden). Sanduhr-Hubs sind vorrangig „en route" liegende Orte zur Bedienung einer über diese Orte hinwegführende Durchgangsnachfrage. Beim Hinterland-Hub wird der Verkehr aus Orten in der Nähe des Hubs zu selbigem geleitet, um ihn von dort zu häufig entfernteren Zielen weiterzuführen. Der Hinterland-Hub dient damit als Zu- oder Abführungspunkt für Verkehr von kurzen auf lange Strecken und umgekehrt.[7] (vgl. Abb. 3, Anhang IV) Beide Hubtypen erlauben die Ausprägung als 1- oder Multi-Hub-Strategie. Die geschilderten H&S-Netze sind in dieser „reinen" Form aber nur selten vorzufinden.[8]

3. Hub-and-Spoke-Systeme im Güterverkehr

3.1 Entwicklung von H&S-Netzen als Folge der Deregulierung

Die achtziger und neunziger Jahre waren in Nordamerika und Europa geprägt durch den Abbau verschiedener staatlicher Regulierungsmaßnahmen.[9] Im Luft- und Straßengüterverkehr hatten die erwähnten Liberalisierungsmaßnahmen eine wesentliche Auswirkung: von

---

5 Vgl. Domschke, W. / Krispin, G. (1999), S. 284; Mayer, G. (2001), S. 10.
6 Vgl. Mayer, G. (2001), S. 11f.
7 Vgl. Teuscher, W.R. (1994), S. 265f; Pompl, W. (1998), S. 337.
8 Vgl. Domschke, W. / Krispin, G. (1999), S. 285; Mayer, G. (2001), S. 13f.
9 Im Eisenbahnverkehr wurden mit den Richtlinien 91/440, 95/18 und 95/19 der EU-Kommission Maßnahmen eingeleitet, die mehr Wettbewerb durch den Eintritt neuer Anbieter erzeugen sollen.

Wettbewerb geprägte Märkte wurden geschaffen. Daraus entstand der Anreiz zur Optimierung der Produktionsprozesse, deren Effizienz wesentlich von der Struktur der Verkehrsnetze beeinflußt wird.[10] In der Zeit vor der Deregulierung bedienten sich die Fluglinien in den USA häufig Direktverbindungen, während die meisten Gesellschaften nach Eintritt der Wettbewerbsfreiheit H&S-Netze entwickelten.[11] In Europa war dieses System aufgrund politischer und historischer Faktoren nichts Neues. Aufgrund der völkerrechtlichen Prämissen des internationalen Luftverkehrs haben z.b. Lufthansa in Frankfurt am Main oder KLM in Amsterdam-Shiphol schon lange ihre Zentralflughäfen. Der Hub ist als Heimatbasis einer Fluggesellschaft konzipiert, der in der Regel das wirtschaftliche, politische und kulturelle Zentrum des jeweiligen Landes ist. Diese sogenannten „Natural-Hubs" sind vor allem vor dem Hintergrund der Ausdehnung des internationalen Flugverkehrs der einzelnen Staaten und im Zuge von bilateralen Verkehrsabkommen entstanden. Bei Flügen innerhalb Europas stellen die Hubs – unter der Prämisse fehlender Direktverbindungen – die Übergänge von einem Netz in das andere dar. Die nationalen Hubs haben somit bislang vorrangig als Hinterland-Hubs fungiert.[12]

Im Straßengüterverkehr ging die Liberalisierung in den USA nicht so weit wie im Luftverkehr. Vor allem im Güterfernverkehr war eine Umstrukturierung der Transportnetze erkennbar.[13] Vor allem große Transportdienstleister, die auf den Teilladungs- und Speditionsbereich (Less than truck load) spezialisiert waren, haben ihre Netze als H&S-Netze gestaltet.[14]

Ein Grund für das verstärkte Aufkommen von H&S-Strukturen nach der Deregulierung kann folgendermaßen (vereinfacht) mit der Abb. 4 (Anhang IV) veranschaulicht werden.[15]

---

10 Neben der Neugestaltung der Flugnetze haben u.a. auch die Einführung von Computerreservierungssystemen, von Vielflieger-Programmen und die Bildung von Code-Sharing-Allianzen zur Festigung der Wettbewerbsposition beigetragen.
11 Vgl. Pompl, W. (1998), S. 395-403; Domschke, W. / Krispin, G. (1999), S. 282-284; Bjelicic, B. (2000), S. 247; Mayer, G. (2001), S. 9; Aberle, G. (2003), S. 198.
12 Vgl. Basedow, J. (1989), S. 213; Teuscher, W.R. (1994), S. 265-267; Pompl, W. (1998), S. 124; Domschke, W. / Krispin, G. (1999), S. 294f.; Mayer, G. (2001), S. 31.
13 Vgl. Basedow, J. (1989), S. 233f; Aberle, G. (2003), S. 210.
14 Vgl. Morrison, S. / Winston, C. (1985), S. 60; Domschke, W. / Krispin, G. (1999), S. 297; Mayer, G. (2001), S. 36f; Aberle, G. (2003), S. 211.
15 Vgl. Morrison, S. / Winston, C. (1986), S. 6f; Domschke, W. / Krispin, G. (1999), S. 285f; Mayer, G. (2001), S. 14f.

3

Das Transportunternehmen hat zwei Routenalternativen:

- Die beiden Strecken AC und BC werden durch Direktverbindungen und damit unabhängig voneinander bedient. (Direktverkehrsnetz)

- Das Verkehrsaufkommen wird von A zuerst nach B befördert und von dort zusammen mit dem Aufkommen aus B nach C transportiert. (H&S-Netz mit einem Hub in B)

Die erste Alternative stellt aus produktionstheoretischer Sicht eine *unverbundene (unabhängige) Produktion* der Outputs Y_1 bzw. Y_2 und die zweite Alternative eine *verbundene Produktion* dar. Unter dem Gesichtpunkt der Gewinnmaximierung müssen die Kosten und Erlöse beider Produktionsmöglichkeiten gegenübergestellt werden. Aufgrund von Synergieeffekten sind die Kosten der Verbundproduktion in der Regel geringer, während auf der anderen Seite eine größere Transportzeit impliziert wird. Die Entscheidung zugunsten der Einrichtung eines H&S-Netzes wird also dann getroffen, wenn die Kosteneinsparungen eine eventuelle Erlösminderung überschreiten.[16]

3.2 Vor- und Nachteile von H&S-Netzen

H&S-Netze weisen in ihrer Beschaffenheit verschiedene Vor- und Nachteile auf, von denen im folgenden die wichtigsten beleuchtet werden. Ein wesentlicher Vorteil besteht im Vergleich zu Direktverkehrsnetzen im starken *Multiplikatoreffekt* hinsichtlich der Anzahl der miteinander verbundenen Städte. Die Zahl der bedienten Städtepaare steigt dabei in Abb. 5 (Anhang IV) von 3 auf 15 (bzw. 21 inklusive der hinzugekommenen Verbindungen zum Hub) bei der Einrichtung eines Hubs im Punkt H.[17] Die Komplexität des Systems ist reduziert, wodurch sich der Verwaltungsaufwand verkleinert.[18]

Die Hinzunahme von weiteren Speichen ist hierbei, verglichen mit den Direktverkehrsnetzen, mit einem geringeren Risiko verbunden. Die Vielzahl an erreichbaren Zielen induziert eine entsprechend große Nachfrage und trägt zur Profitabilität der Strecken bei. Dabei können größere Verkehrsträger eingesetzt werden, die zu Stückkostendegressionen führen

---

16 Vgl. Morrison, S. / Winston, C. (1986), S. 6f; Domschke, W. / Krispin, G. (1999), S. 285f; Mayer, G. (2001), S. 14f.

17 Dabei stehen den 21 Relationen bei einem Direktverkehrsnetz nur 6 Relationen in einem H&S-Netz gegenüber.

18 Vgl. Basedow, J. (1989), S. 214; Doganis (1991), S. 264; Pompl, W. (1998), S. 337f; Domschke, W. / Krispin, G. (1999), S. 287f; Huber, J. (2000), S. 164; Mayer, G. (2001), S. 17; o.V. (2002), S. 22; Aberle, G. (2003), S. 535.

(*economies of scale*).[19] Desweiteren kann bei größerer Sendungshomogenität der Fracht in den Hubs eine stark industrialisierte Verarbeitung vorgenommen werden, wodurch es zu Kostensenkungen kommen kann. Weitere Kosteneinsparungen sind durch die fehlende Sortierfunktion in den Speichenniederlassungen möglich. Die Sortierung erfolgt in den Hubs nach Zielrichtungen durch den Einsatz größerer, vollständig automatisierter Anlagen.[20]

Ein weiterer signifikanter Vorteil von H&S-Systemen ist die Bündelung bzw. Konsolidierung der Verkehrsströme (*economies of density*) auf den Speichen des Netzes. Die Verkehrsverdichtung führt zu einer verbesserten Auslastung. Bezogen auf den Luftverkehr führt diese zu hohen Sitzladefaktoren und ermöglicht die Verbesserung des Service durch eine Erhöhung der Flugfrequenzen. Dadurch sind Bodeneinrichtungen besser ausgelastet und können intensiver genutzt werden. Ferner wird die teure Bodenstandzeit des Verkehrsträgers Flugzeug reduziert.[21] Im Straßengüterverkehr entstehen Kosteneinsparungen sowohl beim Transport als auch beim Umschlag im Hub durch den höheren Auslastungsgrad. Der Kostenvorteil wird hierbei auf etwa 20 % geschätzt, wobei dieser aber stark situationsabhängig ist.[22]

Die Konsolidierung der Verkehrsströme auf den Speichen des Netzes führt dazu, daß Güter mit unterschiedlichen Zielen über denselben Hub geführt werden, bevor sie ihr endgültiges Ziel erreichen. Dadurch kommt der Verbundcharakter der Produktion zum Ausdruck. Die damit einhergehenden Synergieeffekte werden als *economies of scope* bezeichnet.[23] Im Luftverkehr resultieren economies of scope aus der gemeinsamen Nutzung der Flughafenfazilitäten bei der Wartung, Flug- und Flugzeugabwicklung sowie der gemeinsamen Nutzung von Produktionsfaktoren wie Flugpersonal, Flugzeuge etc.[24] Desweiteren ist ein H&S-Netz auch deshalb vorteilhaft, weil die Zielpunkte im Falle von Nachfrage-

19 Vgl. Basedow, J. (1989), S. 214; Beyen, R. / Herbert (1991), S. 45; Teuscher, W.R. (1994), S. 74; Domschke, W. / Krispin, G. (1999), S. 290f; Mayer, G. (2001), S. 20f; Ihde, G. (2001), S. 222; Aberle, G. (2003), S. 534f.
20 Vgl. Domschke, W. / Krispin, G. (1999), S. 297f; Mayer, G. (2001), S. 42f; Aberle, G. (2003), S. 534f.
21 Vgl. Basedow, J. (1989), S. 214; Doganis, R. (1991), S. 264f, Teuscher, W.R. (1994), S. 74; Pompl, W. (1998), S. 337f; Domschke, W. / Krispin, G. (1999), S. 289; Mayer, G. (2001), S. 18f, Aberle, G. (2003), S. 426.
22 Vgl. Morrison, S. / Winston, C. (1985), S. 59; Mayer, G. (2001), S. 42f; Aberle, G. (2003), S. 535.
23 Synergieeffekte treten z.B. bei einem gemeinsamen Operationsnetz (Kommunikations-, Informations- oder Transportnetz) auf.
24 Vgl. Morrison, S. / Winston, C. (1986), S. 6f; Teuscher, W.R. (1994), S. 74; Pompl, W. (1998), S. 337f; Domschke, W. / Krispin, G. (1999), S. 290; Mayer, G. (2001), S. 19f; Aberle, G. (2003), S. 534f.

schwankungen im Bereich Gütertransportleistungen weiterbedient werden können.[25]

Ein weiterer Vorteil im Luftverkehr liegt im *Fortress-Effekt*, wobei die dominierende Fluggesellschaft eines Hub-Flughafens Mitbewerbern durch relative Markteintrittsbarrieren (Slotverfügbarkeit, gezielte Preispolitik, Erhöhung der Frequenzen oder Kontrolle über Flugsteige und Bodeneinrichtungen) den Marktzugang behindern kann. Eine direkte Folge dieses Fortress-Effektes ist ein Kostenvorteil, basierend auf dem höheren Anteils am Verkehrsaufkommen.[26]

Im Straßengüterverkehr sind Hubstandorte aufgrund fehlender direkter Kundenkontakte nicht auf Ballungsräume angewiesen, sondern können außerhalb vergleichsweise kostengünstige Grundstücke mit leistungsfähiger Fernstraßen- und Eisenbahnverbindung wählen. Durch die Trennung von Einsammeln bzw. Verteilen der Fracht vom Fernverkehr wird der Arbeitsfluß nicht gestört, wodurch sich Güterverluste und Schäden vermeiden lassen.[27]

Neben den bereits erwähnten Vorteilen weisen H&S-Systeme eine Reihe von Nachteilen auf. Eines der wesentlichen, größtenteils durch die Netzorganisation induzierten Probleme liegt im Umschlag der Güter innerhalb relativ eng begrenzter Zeitfenster in den Hubs. Diese Konzentration (Peak-Periode) verursacht eine hohe Kapazitätsbereitstellung an Personal und Infrastruktur, welche bei Überlastung des Hubs die Störanfälligkeit erhöhen kann.[28] Resultierend aus der ungleichmäßigen Kapazitätsauslastung sind die Hubs außerhalb des Güterumschlages (Off peak-Periode) in personeller und räumlicher Hinsicht teilweise überdimensioniert oder stehen gar still.[29] Durch die zeitnahe Bündelung der Gütertransporte entstehen weitere Nachteile. Neben dem Mehraufwand in der Planung und Optimierung der Transporte, können sich zudem Verspätungen auf das gesamte System übertragen.[30] Im Vergleich zu Direktverkehrsnetzen weist das H&S-System ferner eine längere Gütertransportdauer auf, resultierend aus den zusätzlichen Umschlagsvorgängen bzw. den

---

25 Vgl. Morrison, S. / Winston, C. (1985), S. 59f; Teuscher, W.R. (1994), S. 74.
26 Vgl. Basedow, J. (1989), S. 216f; Doganis, R. (1991), S. 265-267; Pompl, W. (1998), S. 338; Domschke, W. / Krispin, G. (1999), S. 291f; Bjelicic, B. (2000), S. 251; Laaser et al. (2000), S. 8f; Mayer, G. (2001), S. 24f.
27 Vgl. Klaus, P. (1985), S. 42f; Mayer, G. (2001), S. 44; Aberle, G. (2003), S. 534f.
28 Vgl. Doganis, R. (1991), S. 263-267; Pompl, W. (1998), S. 338; Domschke, W. / Krispin, G. (1999), S. 292f; Mayer, G. (2001), S. 28f; Aberle, G. (2003), S. 535.
29 Vgl. Pompl, W. (1998), S. 338; Domschke, W. / Krispin, G. (1999), S. 293; Mayer, G. (2001), S. 45.
30 Vgl. Doganis, R. (1991), S. 266; Pompl, W. (1998), S. 338; Domschke, W. / Krispin, G. (1999), S. 292f; Mayer, G. (2001), S. 28f.

längeren Transportwegen. Die verlängerten Transportwege können sich u.a. ergeben, wenn „gegen die Fracht" (gegen die Zielrichtung) gefahren wird, um die Hubs bzw. die Speichenniederlassungen zu erreichen. Dadurch entstehen Mehrkosten, welche durch die vorher genannten Vorteile überkompensiert werden müssen. Um die Transporte „gegen die Fracht" bei H&S-Systemen zu reduzieren, werden *Mischsysteme* als Kombination aus einem Raster- und H&S-System verwendet. Die Speichenniederlassungen werden dabei nicht nur indirekt über den Hub verbunden, sondern auch über Direktverkehre, wenn das Sendungsaufkommen diesen Transport rechtfertigt.[31]

4. Planung und Optimierung von H&S-Systemen

4.1 Strategisches Netzwerkdesign

Die Festlegung der Netzstruktur ist in der Verkehrswirtschaft einer der wesentlichsten Erfolgsfaktoren, denn hierdurch werden Umfang und Qualität der Verkehrsleistung determiniert. Im Hinblick auf vorgebene Ziele kommen die Netzvorteile erst bei einer möglichst optimalen Gestaltung vollständig zur Geltung. Die *Standortplanung der Hubs* (Anzahl und Lage) und die *Festlegung von Verkehrsverbindungen* (Zuordnung der restlichen Netzknoten zu den Hubs) nehmen hierbei eine signifikante Rolle im Netzwerkdesign von H&S-Systemen ein. Ein solches Problem wird auch Hub Location Problem (HLP) genannt.[32]

Die Vorschläge zur Lösung entsprechender Standortprobleme lassen sich in *deskriptive* und *normative* Vorgehensweisen unterteilen. Deskriptive Ansätze zur Standortplanung beschäftigen sich mit der Analyse und Systematisierung von entscheidungsrelevanten Standortfaktoren.[33] Dazu gehören geographische, ökonomische, demographische, klimatologische und kapazitätsmäßige Eigenschaften. Die Aussagen der Analyse der Standortfaktoren haben Erwägungscharakter, d.h. sie treffen eine Vorselektion der potentiellen Standorte. Anhand der eingegrenzten Menge kann dann mittels normativer Ansätze eine Standortentscheidung getroffen werden.[34]

---

31 Vgl. Doganis, R. (1991), S. 266; Pompl, W. (1998), S. 339; Domschke, W. / Krispin, G. (1999), S. 298; Huber, J. (2000), S. 163f; Mayer, G. (2001), S. 44f; Aberle, G.(2003), S. 535.
32 Vgl. Domschke, W. / Krispin, G. (1999), S. 301; Mayer, G. (2001), S. 47f.
33 Als *Standortfaktoren* werden spezielle, von einem Betrieb genutzte Standortbedingungen bezeichnet.
34 Vgl. Doganis, R. (1991), S. 268; Mayer, G. (2001), S. 57-62.

Bei normativen Ansätzen erfolgt einerseits eine *Standortbestimmung* (Lokation) für die Hubs und andererseits eine *Zuordnung* (Allokation) der Quell- bzw. Zielorte[35] zu den Hubs. Dabei werden entweder *Simulationen* oder *Optimierungsmodelle* eingesetzt. Die Simulation dient primär der Beurteilung verschiedener Systemkonstellationen. Eine kostenoptimale Standortkonfiguration ist allerdings konstruktiv nicht zu ermitteln. Die Optimierung nutzt Entscheidungs- bzw. Optimierungsmodelle und läßt sich bei der Modellbildung in zwei Ansätze unterteilen:

- Kontinuierliche HLP: Quell- und Zielorte, wie auch potentielle Hub-Standorte werden als Punkte in einer Ebene betrachtet (Euklidische Metrik)

- Diskrete HLP: basieren auf einem (Verkehrs-) Netz, dessen (endliche) Knotenmenge sich aus den Quell- und Zielorten sowie den potentiellen Standorten zusammensetzt

Da diskrete HLP eine bessere Abbildung der Realität vermitteln, haben sie einen hohen Stellenwert erlangt. Ferner ist es nur bei diskreten Lösungsansätzen möglich, standortspezifische Charakteristika (z.B. standortgebundene Kosten) zu berücksichtigen.[36]

4.2 Modelle und Lösungsansätze von HLP

Diskrete HLP lassen sich verschiedentlich klassifizieren.[37] Ausgehend von den Klassifikationskriterien und in Analogie zu den vorgestellten Problemgruppen werden fünf Problemklassen[38] definiert. Bei vier Problemklassen steht durch die Zusammensetzung der Hub-Standorte auch die Zusammensetzung des Netzes fest. Bei der fünften Problemklasse ist auch die Konfiguration des Hub-Netzes zu ermitteln, d.h. neben den Hub-Standorten müssen auch die Verbindungen zwischen den Hubs festgelegt werden. Abhängig davon, ob die potentiellen Hubs beschränkte oder unbeschränkte Kapazitäten aufweisen und den Quell-/Zielknoten nur einem oder mehreren Hubs zugeordnet sein dürfen, werden verschiedene Typen unterschieden. Zusätzlich können Direktverbindungen zwischen Quell-/

---

35 Im Luftverkehr sind Flughäfen *Quell- und Zielorte*, während im Straßengüterverkehr Depots diese Funktion erfüllen. Zumeist ist jeder Quellort gleichzeitig auch Zielort.
36 Vgl. Mayer, G. (2001), S. 62-65.
37 Die Klassifikation basiert auf der *Topologie des Hub- und Zugangsnetzes*, den *Zielsetzungen* und der *Art der Nebenbedingungen*.
38 Die Problemklassen bestehen aus: *p-Hub Median Problemen, Hub Location Problemen (i.e.S.), p-Hub-Zentren Problemen, Hub Covering Problemen* und *Hub Arc Problemen*.

Zielknoten erlaubt sein oder nicht.[39]

Um eine optimale Lösung von HLP zu erreichen, werden die Optimierungsverfahren hinsichtlich der Qualität der gelieferten Lösungen in *exakte*[40] und *heuristische*[41] Methoden unterteilt. Zur exakten Lösung von HLP haben sich hauptsächlich *Branch&Bound-Methoden* bewährt. Dabei bezieht sich das Branching (Verzweigen) auf das Zerlegen von Problemen in Teilprobleme. Mit dem Bounding werden für den optimalen Zielfunktionswert Schranken bestimmt und (Teil-) Probleme ausgelotet. Für kleinere Instanzen bietet sich auch die vollständige Enumeration (Aufzählung) aller zulässigen Lösungen zur exakten Lösung des Lokationsproblems an.[42]

Heuristische Verfahren lassen sich in Konstruktionsverfahren[43], Verbesserungsverfahren[44] und unvollständige exakte Verfahren[45] klassifizieren. Darüber hinaus ist eine Unterteilung in deterministische und stochastische Vorgehensweisen möglich.[46]

Zusammenfassend läßt sich sagen, daß die Planung und Optimierung von H&S-Netzen eine logistische Aufgabe mit strategischem Charakter ist. Die genannten Methoden sollen helfen, das komplexe Entscheidungsproblem (Standortbestimmung für Hubs und die Festlegung der Relationen) mit geeigneten Vorgehensweisen zu lösen.

5. Einsatz von H&S-Systemen

5.1 Das H&S-System als Produktionsmodell im Kombinierten Verkehr

Das Prinzip des kombinierten Verkehrs (KV) basiert auf der Verknüpfung von Systemvorteilen mehrerer Verkehrsträger (Straße, Schiene, Wasserstraße, z.T. auch Luft) unter Beibehaltung des Transportgefäßes beim integrierten Transportvorgang.[47] KV wird in

---

39 Vgl. Mayer, G. (2001), S. 75-77.
40 *Exakte* Verfahren liefern garantiert (mindestens) eine optimale Lösung für jede Modellinstanz.
41 *Heuristische* Verfahren liefern eine zulässige Lösung, die jedoch nicht zwingend ein Optimum darstellen muß.
42 Vgl. Mayer, G. (2001), S. 83-86.
43 *Konstruktionsverfahren* helfen bei der Bestimmung einer ersten zulässigen Lösung, z.B. mittels *Add-Verfahren* oder *Drop-Verfahren.*
44 *Verbesserungsverfahren* helfen eine gegebene zulässige Lösung zu optimieren, z.B. mittels *Standort-Austausch-Verfahren, Tabu Search, Simulated Annealing* oder *Genetische Algorithmen.*
45 Hierzu gehören vor allem frühzeitig abgebrochene Branch&Bound-Verfahren.
46 Vgl. Mayer, G. (2001), S. 90.
47 Vgl. Bukold, S. (1993), S. 494; Eickemeier, S. (1997), S. 50; Seidelmann, C. (1997), S. 431; Heiserich, O.-E. (2000), S. 252; Aberle, G. (2002), S. 21.

diesem Zusammenhang auch als eine Teilmenge des intermodalen Transports verstanden.[48] Zwischen Frachtzentren, als einer Form von Logistikzentren, werden abhängig von der Entfernung entweder ein schienengebundener Hauptlauf unter Nutzung des KV (im KV-Direktzugsystem[49] oder über ein H&S-System) durchgeführt oder der Straßengüterfern- oder -nahverkehr benutzt.[50] Beim schienengebundenen Hauptlauf werden im wesentlichen vier Produktionsmodelle unterschieden. Das H&S-System im KV wird dabei als Misch-form von Knotenpunktsystem[51] (Rangier-Modell) und Direktzugsystem (Blockzug-Modell) betrachtet. Teilweise wird es auch lediglich als Modifikation des Knoten-punktsystems betrachtet.[52]

Die DB Cargo hat im Frühjahr 2001 den KV zum Markt mit den größten Wachstums-chancen erklärt.[53] Im Seehafen-Hinterlandverkehr geht es wegen des weltweit zunehmenden Containerverkehrs auf Dauer nicht ohne den KV. Die DB Cargo und der Hamburger Terminalbetreiber HHLA unterzeichneten vor diesem Hintergrund im Mai 2002 einen Beteiligungsvertrag an der Bahn-Vermarktungsgesellschaft für kombinierten Verkehr (TFGI). Die DB Cargo verfügt damit über insgesamt drei Gesellschaften, welche das Portfolio im Seehafenhinterlandverkehr komplettieren.[54]

Ein weiteres Beispiel für ein H&S-System im kombinierten Verkehr ist Karstadt. Hierbei wird z.B. der ABX „Karstadt-Zug" eingesetzt, welcher im Verteilzentrum Unna die Mengen aus Ibbenbüren und Bönen zusammenführt, und diese von dort nach Hamburg, Berlin und München transportiert werden.[55] Die Lufthansa Cargo transportiert Luftfracht mit der Bahn auf sieben Strecken von und nach Frankfurt am Main. Das Verkehrsvolumen umfaßt etwa fünf Prozent der Zubringerfahrten von und zum Frankfurter Flughafen.[56] Auch hier liegt mit dem Drehkreuz Frankfurt am Main ein H&S-System im KV zugrunde.

---

48 Vgl. Bukold, S. (1996), S. 22; Economic Commission for Europe (2001), S. 18.
49 Im *Direktzugsystem* fahren in unveränderter Wagonzusammenstellung ausschließlich zwischen zwei Terminals und erfordern deshalb keine Rangierbewegungen.
50 Vgl. Trost, D. (1999), S. 208; Heiserich, O.-E. (2000), S. 242.
51 Das *Knotenpunktsystem* basiert auf dem Zusammenstellen von Einzelwaggons, ggf. Waggongruppen, mit un-terschiedlichen Zielen. Diese kompletten Züge werden zu Knotenpunktbahnhöfen gefahren, dort mit anderen Wagen zusammengefaßt und zum nächstgelegenen Rangierbahnhof befördert. Dort erfolgt eine Regruppierung der Wagen nach Zielrangierbahnhöfen, von denen aus dann die Verteilung auf die eigentlichen Zielbahnhöfe vorgenommen wird. Dieses System ist sehr rangier- und damit zeitaufwendig.
52 Vgl. Bukold, S. (1993), S. 499; Eickemeier, S. (1997), S. 50f.
53 Vgl. Schulz, Leo (2002), S. 148.
54 Vgl. Bläsius, W. (2000), S. 580; Deutsche Bahn AG (2002a); Deutsche Bahn AG (2002b).
55 Vgl. Müller, C. (2002), S. 175.
56 Vgl. Schwarz, A. (2001), S. 309.

5.2 Sammelgutverkehr bei KEP-Diensten

Ein Kurier-, Expreß- und Paketdienst (KEP-Dienst) ist in erster Linie gekennzeichnet durch den Transport von Sendungen (Haus-zu-Haus) mit vergleichsweise geringem Gewicht bzw. Volumen sowie sehr kurzen und zuverlässigen Transportzeiten. Zur Bewältigung der physischen Transport- und Umschlagvorgänge werden zunehmend H&S-Systeme eingesetzt.[57] Grundvoraussetzung für die pünktliche Zustellung der Sendungen ist ein abgestimmter Fahrplan, der den physischen Gegebenheiten angepaßt sein muß und Schwachstellen in der Infrastruktur und sonstige Unwägbarkeiten angemessen berücksichtigt. Der *Integrator*[58] TNT nutzt z.b. den Flughafen Köln/ Bonn als Drehkreuz, welches innereuropäisch mehrere Relationen aufweist. Dort erfolgt die Konsolidierung der Sendungen und der Weitertransport zu weiteren Hubs, z.B. in Hannover, Frankfurt am Main, bzw. den Speichen. Zur besseren Übersichtlichkeit und Vereinfachung verwendet TNT dreistellige Nummern für das gesamte Depot-Netzwerk.[59]

Der Ablauf einer Sendung läßt sich vereinfacht folgendermaßen veranschaulichen: Ein Absender übergibt dem Nahverkehrsfahrer das Sammelgut, welches dieser in die Quellniederlassung überbringt. Dort werden die Sendungen gesammelt und auf den Fernverkehr (Linehaul[60]) verladen. Dieser entlädt je nach Zielstation die Boxen im Hub. Dort übernimmt ein anderer Fernverkehr die Sendungen und transportiert sie zur Zielstation. Der Nahverkehr nimmt die Sendung dort an und stellt sie dem Empfänger zu. Bei zeitkritischen Distanzen bzw. bei ausreichendem Volumen zwischen zwei Depots werden auch Direktverbindungen eingesetzt.[61]

5.3 Feeder-Dienste in der Schiffahrt

Gegenüber traditionellen Routenverläufen, in denen mehrere Seehäfen angelaufen werden,

---

57 Vgl. Blochmann, F. (1994), S. 44f; Domschke, W. / Krispin, G. (1999), S. 299; Trost, D. (1999), S. 175f; Aberle, G. (2003), S. 534.
58 Der Begriff *Integrator* fällt in der Regel nur im Zusammenhang mit vier weltweit tätigen Unternehmen: UPS, FedEx, TNT und DHL. Der Integrator ist ein Systemhaus, welches die Gesamtdienstleistung von Haus-Haus-Verkehr in eigener Regie und Durchführung und damit in ungeteilter Verantwortung übernimmt.
59 Vgl. Blochmann, F. (1994), S. 43; Trost, D. (1999), S. 175f.
60 Durch die Erfassung aller Linehaul-Ein- und Ausgangsbewegungen ist zudem eine durchgängige Sendungs-verfolgung (*Tracking & Tracing*-System) möglich.
61 Vgl. Blochmann, F. (1994), S. 45-47.

wird die Routenführung bei Feeder-Diensten[62] auf einige wenige Haupthäfen (im Extremfall nur ein einziger) reduziert. Die Nebenhäfen werden von dort über entsprechend ausgebaute Feeder-Systeme bedient.[63] Das H&S-System ist hierbei vor allem deshalb praxisrelevant, weil Schiffe mit einer zunehmenden Zahl an TEU tiefere Fahrwasserverhältnisse bzw. größere Umschlagskapazitäten benötigen. Die begrenzten Erweiterungsmöglichkeiten fördern die Konzentrationstendenzen auf wenige Haupthäfen.[64]

In Europa unterhalten Rotterdam und Antwerpen Feeder-Dienste zur Bedienung diverser Nordsee- sowie Rhein- und Ruhrhäfen. Hamburg gilt als Haupthafen für Feeder-Dienste zu Häfen des osteuropäischen und skandinavischen Raumes.[65]

6. Zusammenfassung

In der Speditionspraxis ist die Vorteilhaftigkeit eines H&S-Systems umstritten. Bei großen Distanzen zwischen den Hubs gilt es hingegen als sinnvoll und wirtschaftlich.[66] Das H&S-System ist in der Realität aufgrund unterschiedlicher Anforderungen und des in der Regel ungleichmäßig verteilten Ladungsaufkommens in und zwischen den Regionen eine Kombination aus H&S-Netzen und Direktverkehrsnetzen. Bei hinreichend großem Güteraufkommen im Hin- und Rücklauf zwischen zwei Stationen werden Direkttransporte durchgeführt. Die restlichen Sendungen werden über einen zentralen Umschlagspunkt (Hub) befördert, welcher in der Regel auch ein eigenes Einzugsgebiet hat, woraus eine Doppelfunktion resultiert.[67]

Bei der Vielfalt und der Komplexität der kaum noch überschaubaren Netzgestaltungsmöglichkeiten helfen verschiedene statistische Modelle bei der Berechnung der Beförderungskosten und Laufzeiten sowie bei allgemeingültigen Zuweisungsstrategien (Standortplanung der Hubs und Festlegung von Verkehrsverbindungen).[68] Eine generelle Empfehlung für oder gegen ein H&S-System ist nur nach einer erfolgten Einzelfallprüfung möglich.

---

62 *Feeder-Dienste* bezeichnen in der Seeschiffahrt den Zubringer- und Verteilerverkehr mit kleineren Seeschiffen zwischen Haupt- und Nebenhäfen eines Containerliniendienstes.
63 Vgl. Neuhof, B. (1997), S. 270.
64 Vgl. Haralambides, H.E. / Tsolakis, S.D. / Cheung Tam He, C. (2000), S. 8; Aberle, G. (2003), S. 266f.
65 Vgl. Neuhof, B. (1997), S. 270; Aberle, G. (2003), S. 266f.
66 Vgl. Domschke, W. / Krispin, G. (1999), S. 300; Aberle, G. (2003), S. 535.
67 Vgl. Gudehus, T. (2000), S. 343f.
68 Vgl. Klaus, P. (1985), S. 61; Gudehus, T. (2000), S. 344.

Anhang

Abbildung 1:

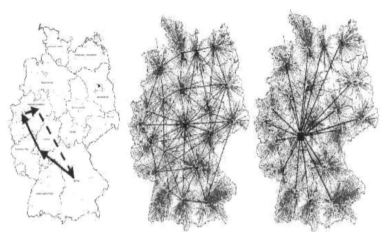

Abb.1:   Liniennetz   Rasternetz   Hub-and-Spoke-Netz
in Anlehnung an: Danzas Lotse, S.23.

Abbildung 2:

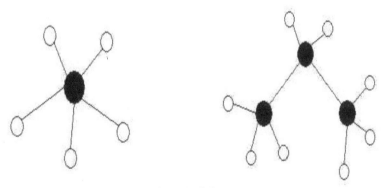

Abb. 2: 1-Hub-Netz (links) und Multi-Hub-Netz (rechts)

Abbildung 3:

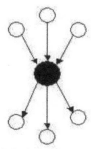
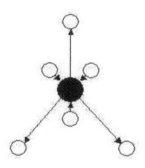

Abb. 3: Sanduhr-Hub (links) und Hinterland-Hub (rechts)

Abbildung 4:

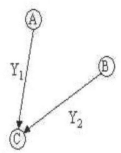
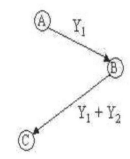

Abb. 4: Unverbundene vs. verbundene Produktion

Abbildung 5:

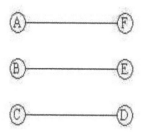
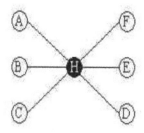

Abb. 5: Multiplikatorwirkung von H&S-Netzen

IV

Literaturverzeichnis

Aberle, Gerd (2003): Transportwirtschaft: Einzelwirtschaftliche und gesamtwirtschaftliche Grundlagen, 4.Aufl., München; Wien: Oldenbourg Verlag, 2003.

Basedow, Jürgen (1989): Wettbewerb auf den Verkehrsmärkten: Eine rechtsvergleichende Untersuchung zur Verkehrspolitik, 1.Aufl., Heidelberg: C.F. Müller, 1989.

Beyen, Ruth K. / Herbert, Jürgen (1991): Deregulierung des amerikanischen und EG-europäischen Luftverkehrs, Hamburg: Deutscher Verkehrs-Verlag, 1991 (Giessener Studien zur Transportwirtschaft und Kommunikation, Bd. 5).

Bjelicic, Borislav (2000): Zukunft des Eisenbahnverkehrs – Welche Erfahrungen des Luftverkehrs lassen sich übertragen?, in: Internationales Verkehrswesen, 52. Jg. (2000), Heft 6, S. 247-251.

Bläsius, Wolfram (2000): Quo vadis, Kombinierter Verkehr?, in: Internationales Verkehrswesen, 52. Jg. (2000), Heft 12, S. 579-580.

Blochmann, Frank (1994): Internationale Kurier- und Expreßdienste – Strategien für innovative Transportlösungen, Landsberg; Lech: Verl. Moderne Industrie, 1994.

Bukold, Steffen (1993): Marktzugangsbarrieren in einem semi-deregulierten Markt, in: Internationales Verkehrswesen, 45. Jg. (1993), Heft 9, S. 494-501.

Bukold, Steffen (1996): Kombinierter Verkehr Schiene / Straße in Europa: eine vergleichende Studie zur Transformation von Gütertransportsystemen, Frankfurt am Main et al.: Lang, 1996.

Deutsche Bahn AG (2002a): DB Cargo baut Strategie im Kombinierten Verkehr aus, in: Presseinformation Deutsche Bahn AG, Mainz; Hamburg, 07.05.2002.

Deutsche Bahn AG (2002b): Strategische Neuausrichtung im europäischen Seehafenhinterlandverkehr abgeschlossen, in: Presseinformation Deutsche Bahn AG, München, 31.10.2002.

Doganis, Rigas (1991): Flying off course: the economics of international airlines, 2. Aufl., London: Harper Collins Academic, 1991.

Domschke, Wolfgang / Krispin, Gabriela (1999): Zur wirtschaftlichen Effizienz von Hub-and-Spoke-Netzen, in: Pfohl, Hans-Christian (Hrsg.): Logistikforschung. Entwicklungszüge und Gestaltungsansätze, Berlin: Erich Schmidt Verlag, 1999, S. 279-304.

Eickemeier, Susanne (1997): Kombinierter Ladungsverkehr: produktionsorientierte Strategiekonzepte für die Deutsche Bahn AG, Frankfurt am Main et al.: Lang, 1997.

Economic Commission for Europe (UN/ECE) (2001): Terminology on combined transport, New York; Genf, 2001.

Gudehus, Timm (2000): Logistik 2: Netzwerke, Systeme, Lieferketten, Berlin; Heidelberg; New York: Springer-Verlag, 2000.

Haralambides, H.E. / Tsolakis, S.D. / Cheung Tam He, C. (2000): The Global Outlook of Liner Shipping and Port Networks in the Information Society of the 21st Century, 16th International Port Logistics Conference, Alexandria, Ägypten, 6.-8.Februar 2000.

Heiserich, Otto-Ernst (2000): Logistik, 2.Aufl., Wiesbaden: Gabler, 2000.

Huber, Johannes (2000): Kostenführerschaft – Produktführerschaft – Kundenparterschaft: Paketdienstleister auf der Suche nach der optimalen Wettbewerbsstrategie und deren Umsetzung, Diss., Wirtschaftsuniversität Wien, 2000.

Ihde, Gösta B. (2001): Transport, Verkehr, Logistik: Gesamtwirtschaftliche Aspekte und einzelwirtschaftliche Handhabung, 3.Aufl., München: Vahlen Verl., 2001.

Klaus, Peter (1985): Nabe/ Speiche Verkehrssysteme: Chancen für Kosten- und Serviceverbesserungen in flächendeckenden Linienverkehren, in: Kooperation zwischen Verladern und Verkehrsbetrieben: Dokumentation über die verkehrswirtschaftliche Tagung am 11.Juni 1985 in Duisburg / [Gesellschaft für Verkehrsbetriebswirtschaft und Logistik (GVB) e.V.], Frankfurt am Main: GVB, 1987, Heft 17, S. 31-62.

Laaser, Claus-Friedrich / Sichelschmidt, Henning / Soltwedel, Rüdiger (2000): Global Strategic Alliances in Scheduled Air Transport – Implications for Competition Policy, 3rd KFB Research Conference „Transport Systems Organisation and Planning", Stockholm, Schweden, 13.-14.Juni 2000.

Mayer, Gabriela (2001): Strategische Logistikplanung von Hub&Spoke-Systemen, 1.Aufl., Wiesbaden: Gabler / Deutscher Universitäts-Verlag, 2001.

Mayer, Gabriela / Wagner, Bernd (2002): HubLocator: an exact solution method for the multiple allocation hub location problem, in: Computers & Operation Research 29 (2002), S. 715-739.

Morrison, Steven / Winston, Clifford (1985): Intercity transportation routes structures under deregulation: Some assessments motivated by the airline experience, in: American Economic Review, 75. Jg. (1985), Heft 2, S. 57-61.

Morrison, Steven / Winston, Clifford (1986): The economic effects of airline deregulation, Washington D.C.: The Brookings Institution, 1986.

Müller, Christoph (2002): Gemeinsam oder einzeln im Bahngüterverkehr?, in: Internationales Verkehrswesen, 54. Jg. (2002), Heft 4, S. 174-176.

Neuhof, B. (1997): Feeder-Dienste, in: Bloech, Jürgen / Ihde, Gösta (Hrsg.): Vahlens großes Logistiklexikon, München: Beck; München: Vahlen, 1997, S. 270f.

o.V. (2002): Danzas Lotse, Düsseldorf: Verkehrs-Verlag J. Fischer, 2002.

Pompl, Wilhelm (1998): Luftverkehr: eine ökonomische und politische Einführung, 3.Aufl., Berlin; Heidelberg: Springer-Verlag, 1998.

Schulz, Leo (2002): Kombinierter Verkehr: Strategien und Konzepte, in: Internationales Verkehrswesen, 54. Jg. (2002), Heft 4, S. 145-148.

Schwarz, Axel (2001): Luftfracht aufs richtige Gleis gesetzt, in: Internationales Verkehrswesen, 53. Jg. (2001), Heft 6, S. 308-309.

Seidelmann, Christoph (1997): Kombinierter Verkehr, in: Bloech, Jürgen / Ihde, Gösta (Hrsg.): Vahlens großes Logistiklexikon, München: Beck; München: Vahlen, 1997, S. 431-434.

Seidelmann, Christoph (2002): Menge muß Terminal rechtfertigen, in: Internationales Verkehrswesen, 54. Jg (2002), Heft 6, S. 302-303.

Teuscher, Wolf R. (1994): Zur Liberalisierung des Luftverkehrs in Europa, 1.Aufl., Göttingen: Vandenhoeck & Ruprecht, 1994.

Trost, Dirk G. (1999): Vernetzung im Güterverkehr, Hamburg: Deutscher Verkehrs-Verlag, 1999 (Giessener Studien zur Transportwirtschaft und Kommunikation, Bd. 16).